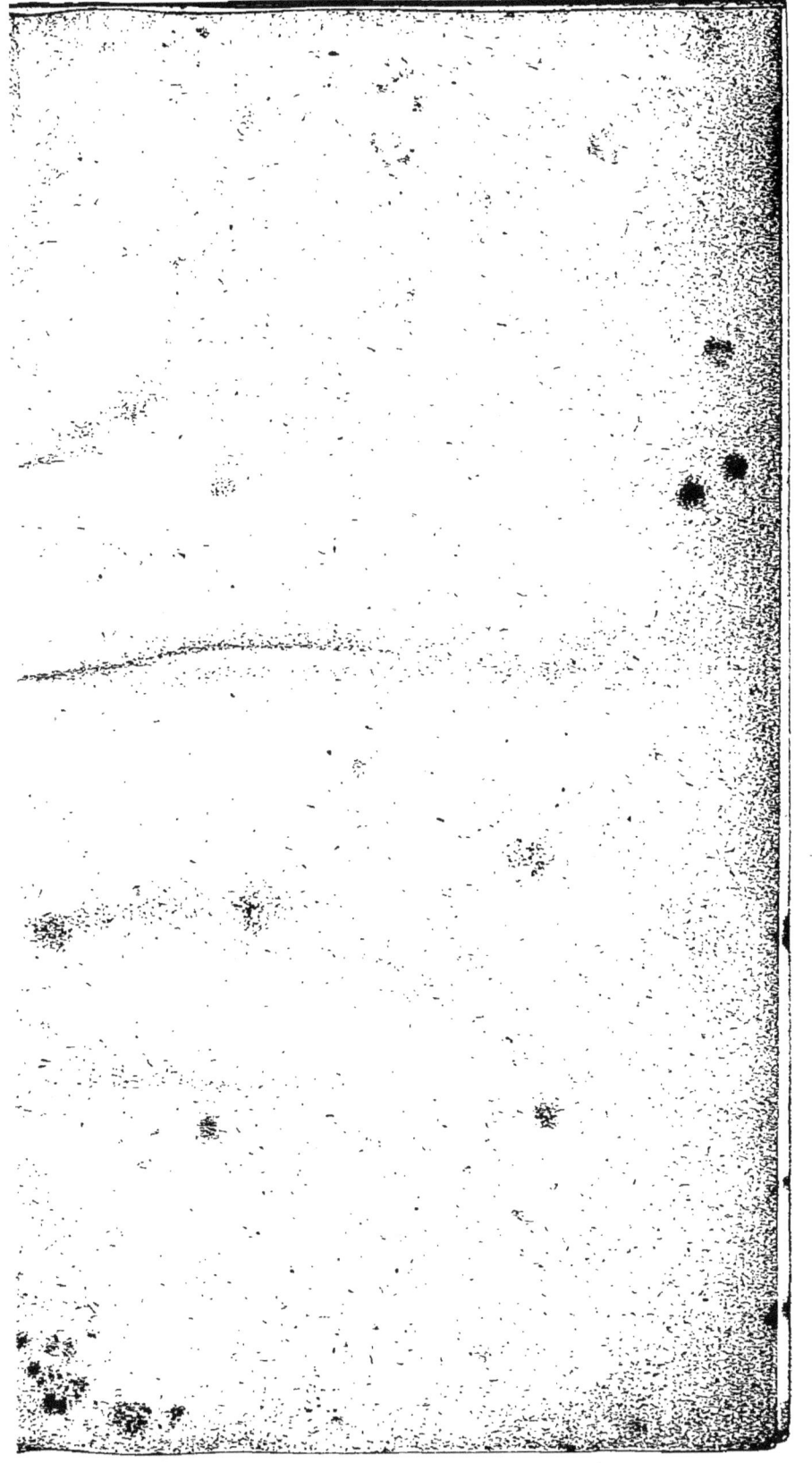

NOTICE HISTORIQUE

SUR

LE CHATEAU DE LAPERCHE,

LOT-ET-GARONNE,

ARRONDISSEMENT DE MARMANDE,

Douaire de Jeanne d'Albret, reine de Navarre.

AGEN,
IMPR. DE J.-A. QUILLOT, PLACE PAULIN, N° 1.
1846.

Opuscule

dédié

à Monsieur le Vicomte

De Richemont,

Député de Lot-&-Garonne.

A M. LE VICOMTE DE RICHEMONT,
DÉPUTÉ DE LOT-ET-GARONNE.

Monsieur le Vicomte,

A l'exemple du laboureur de la Grèce, qui n'eût rien de meilleur à offrir au roi Artaxercès qu'un peu d'eau dans ses mains, j'ose vous adresser un petit opuscule intitulé : Notice historique sur le château de Laperche, douaire de Jeanne d'Albret, reine de Navarre.

Comme ce n'est ni du mérite de l'auteur, ni de l'ouvrage que je dois espérer le succès de mes démarches, permettez-moi, je vous prie, de le livrer à la publicité sous votre patronage. Protecteur zélé de tout ce qui rentre, (même indirectement), dans le domaine des sciences et des arts; soutien généreux du pauvre et de l'infortuné, et ferme appui du faible, votre nom opèrera une salutaire influence et me facilitera les moyens d'arriver au but que je me propose.

J'ai donc l'honneur de vous prier, Monsieur le vicomte, d'oublier le peu d'importance de mon œuvre, et de l'accueillir favorablement à titre d'encouragement.

J'ai l'honneur d'être avec un profond respect,

MONSIEUR LE VICOMTE DE RICHEMONT,

Votre très-humble et très-obéissant serviteur,

P.-J. Danduran, ex-instituteur.

Miramont, ce 14 juillet 1846.

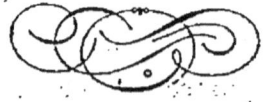

NOTICE HISTORIQUE
SUR
LE CHATEAU DE LAPERCHE,
DOUAIRE DE JEANNE D'ALBRET,

Reine de Navarre.

Ce fut après les guerres civiles des Goths, des Vandales et des Normands, dans la Guienne, et pendant la domination des Anglais dans cette province, que fut bâti le château de Laperche, vers l'an 1390, sous le règne de Charles VI et le pape Boniface IX.

En cette année-là, Richard, roi d'Angleterre, nomma le duc de Lancastre gouverneur de la Guienne; mais les Bordelais refusèrent de le reconnaître, ce qui occasionna de grands désordres.

En effet, à cette époque, les contrées que nous habitons étaient en guerre continuelle, et la province fut souvent le théâtre de ses ravages ; car la France ne fut pas toujours ce qu'elle est aujourd'hui. Dans ces temps, quoiqu'il y eût un roi de France, chaque province avait un prince, seigneur, duc ou comte, qui était presque tout à fait indépendant. En outre chacune de ces provinces était divisée en une multitude de petites seigneuries qui dépendaient du chef principal, et dont quelques unes ne dépendaient de personne. Les nobles qui possédaient ces seigneuries ou fiefs avaient tous quelques troupes d'hommes armés sous leurs ordres, pour attaquer leurs voisins ou se défendre contre eux.

En 1400, le duc de Bourbon vint à Agen et envoya des députés vers les Bordelais pour les remettre sous son obéissance; mais toutes ses tentatives restèrent sans succès. Les Bordelais étant attaqués de toutes parts par les Français, les principaux officiers de la province furent convoqués le 1er septembre 1405, par le sénéchal de Guienne, à Bordeaux, et prêtèrent serment de fidélité dans l'église Saint-André. Vers la fin du même mois le comte d'Armagnac fait de grands ravages jusqu'aux portes de Bordeaux. Au mois de mai 1406, sur la place de la Concorde, deux chevaliers combattirent en duel, l'un pour le parti de France et l'autre pour celui d'Angleterre. Des négociations s'ouvrirent, mais sans résultat jusqu'en 1410. A cette époque les seigneurs de Lesparre et de La Bas furent envoyés en Angleterre au roi pour faire connaître au roi l'état misérable de la Guienne.

Au mois de juillet de cette année, Durfort, sieur de Duras, sénéchal de Guienne pour l'Anglais, et François de Labret, sieur de Sainte-Bazeille, sénéchal de Bazas pour les Français, arrêtèrent ces trèves pour le restant de l'année. Les hostilités furent reprises au commencement de 1444, et la guerre, la dyssenterie et la peste ravagèrent nos contrées.

Cependant les guerres civiles perdirent de leur intensité vers la fin du règne de Charles VII, et en 1451 les Anglais furent entièrement chassés du sol français. Le comte de Dunois, lieutenant de Charles VII remit la Guienne sous son obéissance; mais les règnes de Louis XI, de Charles VIII, de Louis XII, de François Ier, de Henri II, de François II, ne laissèrent guère de répit à la Guienne. Depuis l'entrée victorieuse de Charles VII en Guienne, en 1451, jusqu'au mois de juillet 1563, où le seigneur de Montluc et de Francœur battirent le sieur de Duras à la tête des rebelles, la province fut en proie à la désolation et à la misère; mais à la fin de l'année 1563, les troubles se calmèrent, et la seigneurie de Laperche, douaire de Jeanne d'Albret, mère d'Henri IV, devint une habitation paisible.

Les choses existaient ainsi lorsque se passèrent, au château de Laperche, les événements consignés dans l'histoire suivante.

Le baron de Francœur, Emélinde, sa noble épouse, et Agnès, leur vertueuse fille, gouvernaient la terre et seigneurie de Laperche. Les voisins qui l'entouraient étaient de grands batailleurs, fort disposés, la plupart, à faire des incursions chez l'un ou chez l'autre sous le moindre prétexte. Le baron de Francœur ne craignait rien de leurs mauvaises dispositions, car il s'était acquis une grande réputation à la guerre et avait des soldats braves et expérimentés. Sa sagesse, sa modération et sa bravoure avaient donné à son nom assez d'autorité pour que les opprimés s'adressassent à lui et réclamassent sa protection. On ne la lui demandait jamais en vain ; il n'abandonnait jamais une entreprise qu'il avait commencée ; mais aussi, il n'en commençait que de justes, car l'amour de Dieu et du prochain était le mobile de toutes ses actions.

Accompagné d'Agnès, Emelinde allait chaque jour visiter ceux qui avaient besoin de son secours ; aux pauvres, elle distribuait d'abondantes aumônes ; aux affligés, elle prodiguait des consolations et de douces paroles ; aux malades, elle donnait des médicaments efficaces et les conseils que lui dictait son expérience ; enfin, sa vie, vraiment charitable, était une longue suite de bonnes actions et un bon exemple de tous les instants pour les personnes qui l'entouraient. Agnès s'efforçait déjà d'imiter sa mère, et passait ses heures de récréation aux soins innocents d'élever une colombe qui lui venait du duché d'Albret, et qui faisait déjà le trajet de Nérac à Laperche.

En 1565, une bande de brigands, chassée d'Espagne, vint troubler la paisible habitation de Laperche, porter l'effroi et la désolation chez les habitants de la campagne. Ils attaquaient les habitations isolées, pillaient les bestiaux, les provisions, et en général tout ce qu'ils trouvaient, et en se retirant ils mettaient le feu aux bâtiments, pour que les gens venus au secours s'occupassent à éteindre l'incendie plutôt qu'à les poursuivre. Dès la première nouvelle de leur apparition, le baron avait fait surveiller ces hommes criminels; quand il fut parvenu à connaître leur retraite, il alla les y attaquer avec ses soldats, en mit plusieurs à mort, et força les autres à se disperser; puis il se rendit au parlement de Bordeaux avec Blaise de Monluc. Le roi venait de faire son entrée audit parlement, où il tint son lit de justice le 12 avril de ladite année.

Francœur revint au château de Laperche, fort content d'avoir délivré la contrée sans avoir perdu un seul de ses hommes, grâce à la sagesse de ses dispositions. Le soir de son retour, il était dans la grande salle du manoir et racontait avec détails à sa femme et à sa fille tous les événements de son voyage et de son expédition, lorsqu'on vint lui annoncer qu'une dame et une jeune enfant, toutes deux éplorées et vêtues de deuil, demandaient à être introduites près de lui. Quoique l'heure fut avancée, et qu'il sentit le besoin de se reposer de ses fatigues, le baron, jugeant bien que c'était une infortunée qui venait réclamer son appui, la fit aussitôt entrer dans la salle où il était avec sa famille.

On vit alors une dame de haute taille, dont le visage était noble, mais pâle et couvert de pleurs. Elle voulut se jeter aux pieds du seigneur, il l'en empêcha, la fit asseoir et lui demanda avec courtoisie ce qu'elle réclamait de lui.

— Je viens à vous, dit-elle, généreux Francœur, pour me placer sous votre protection avec ma fille Emma. Vous ne m'avez jamais vue, mais mon nom et mes malheurs ne vous sont pas inconnus. Je suis la veuve du chevalier Adenès, qui mourut, l'an dernier, à côté d'Antoine de Bourbon, en combattant au siége d'Orléans. — Vous savez qu'il était bon et pieux autant que brave; ses bienfaits envers les malheureux et ses infortunes avaient sensiblement diminué ses richesses : aussi ne nous laissa-t-il, à ma fille et à moi, qu'un mince héritage. Toutefois il était plus que suffisant pour nos besoins; j'espérais même, par mes économies, l'augmenter assez pour procurer à ma fille un établissement convenable; mais le seigneur de Duras, dont les domai-

nes sont voisins des miens, abusant de sa puissance contre une faible femme, veut me ravir ce que je possède. Il m'a déjà enlevé une forêt qui touchait à la sienne, et veut me dépouiller d'une grande étendue de terres et de prairies qui avoisinent son parc. Hélas! il ne me resterait plus que mon château de Monségur; bientôt, sans doute, il voudra aussi l'envahir, et alors la veuve et la fille du chevalier Adenès devront, pour exister, aller mendier leur pain de porte en porte! mais il n'en sera pas ainsi; mon époux en mourant m'a dit : « Mets ta confiance en Dieu, et
» après lui dans le baron de Fran-
» cœur; si l'on t'opprime, va le trou-
» ver : il défendra la femme et la fille
» de son ancien compagnon d'armes. »
C'est pourquoi, noble baron, je viens à vous et vous demande de me protéger.

Voyant que le front du baron demeurait soucieux et pensif, elle ajouta :

— Pour vous récompenser de ce service, je ne puis, hélas! rien vous offrir; mais Dieu saura bien vous en donner la récompense !

Agnès vit avec chagrin que son père ne répondait pas et ne donnait aucun signe qui témoignât son désir de protéger ces infortunées; elle voulut intervenir pour elles. — Mon bien aimé père, vous ne les abandonnerez pas; dites-moi que vous les défendrez et que vous leur ferez rendre leurs biens. Oh! comme nous serions malheureuses, ma mère et moi, si nous venions à vous perdre! Comme nous aurions besoin que l'on vint à notre secours! Faites, faites pour elles ce que vous voudriez que l'on fît pour nous.

Le seigneur sourit doucement en entendant ces mots de sa fille.

« Sois tranquille, enfant, je n'abandonnerai jamais ceux qui auront justement recours à moi, et encore moins qu'un autre la veuve d'un de mes frères d'armes. »

Puis s'adressant à la dame étrangère, il lui dit : — Excusez ma préoccupation, noble Bérangère (c'était le nom de la veuve d'Adenès), je savais déjà de quelles persécutions on vous accable, et si vous n'étiez venue à moi, je serais allé à vous. — Je ne vous ai pas répondu tout de suite, parce que déjà il se présentait à mon esprit un moyen de vous délivrer de vos persécuteurs, et j'y réfléchissais. Comptez donc sur mon appui, je ne reposerai pas que je n'aie obtenu justice pour vous. Jusqu'à ce que j'aie réussi, vous resterez auprès de nous, et votre jeune fille deviendra l'amie de la mienne.

Bérangère voulut de nouveau se jeter aux pieds du baron, qui l'en empêcha comme la première fois. Emma, remplie de joie, se jeta dans les bras d'Agnès, et la remercia d'avoir compati aux malheurs de sa mère.

La veuve du chevalier, établie dès ce moment dans le château de Laperche, expliqua au baron de Francœur de quels prétextes se servait son voisin pour la persécuter ; elle lui démontra combien ses prétentions étaient injustes ; aussi, le lendemain matin, le baron partit avec une suite nombreuse pour aller demander justice en faveur de la veuve et de l'orphelin.

Pendant son absence, les deux dames apprirent à connaître les belles qualités dont chacune d'elles était ornée. Bérangère, issue d'une famille illustre, du comte de Leudes, lieutenant du roi en Guienne, était bonne, pieuse, charitable, presqu'autant qu'Emelinde ; qui, à son tour, descendait de la noble famille des Noaille. Elles nouèrent donc ensemble une amitié qui devait être durable. Agnès n'éprouvait pas moins de plaisir dans la société d'Emma, car elles étaient toutes deux également bien élevées.

Après un voyage de huit jours, le baron revint. — Tout est terminé, dit-il à Bérangère ; votre voisin abandonne ses prétentions, et vous pouvez être assurée qu'il ne vous troublera pas à l'avenir. Quand il a su que je prenais en main vos intérêts, et que j'étais venu m'établir dans votre château, il a consenti à examiner amiablement ses prétendus droits; il n'a pu en méconnaître la futilité, et il renonce à vous inquiéter désormais. Peut-être des paroles n'auraient-elles pas suffi; mais j'ai déclaré que je vous protégerais par tous les moyens possibles, et il a feint de céder à la force de mes raisonnements, quand il ne cédait, sans doute, qu'à la crainte des lances de mes soldats. Retournez donc dans votre château, noble dame; nul autre que vous ne profitera des récoltes de vos terres et du gibier de vos forêts.

Bérangère et sa fille étaient au comble de la joie et couvraient de baisers la main de leur bienfaiteur, qui résistait en vain à ces marques de reconnaissance : — Dieu vous rendra ce que je vous dois, dans ce monde ou dans l'autre, dit enfin la veuve du chevalier, où, pour mieux vous récompenser, il prendra soin de payer notre dette à votre femme et à votre fille. Le baron l'interrompit, la pressa de retourner dans son château, où sa présence était indispensable ; tout était préparé par ses soins pour le départ d'Emma et de sa mère. Après les plus tendres adieux de part et d'autre, au moment de la séparation, Agnès voulut donner à Emma un souvenir d'amitié; elle alla chercher la jolie cage dans laquelle était la colombe bien-aimée qui plaisait tant à Emma et la lui offrit. Emma ne voulait pas la recevoir quoiqu'elle souhaitât bien vivement posséder le gentil oiseau; mais elle comprenait combien il en coûtait à Agnès de lui en faire le don. Emelinde fut obligée d'intervenir pour que le cadeau de sa fille fut agréé. Alors Agnès recommanda la colombe à Emma comme une mère recommanderait son enfant à une nourrice, et lui fit promettre de ne jamais s'en séparer. Le jour de départ de Bérangère et d'Emma fut signalé par un événement remarquable ; c'était le 14 mars 1566, une étoile brillant de tout son éclat apparut en plein midi.

La veuve d'Adenès et sa fille, rétablies dans leur château, y vivaient paisiblement depuis plusieurs années, lorsqu'un jour, après le coucher du soleil, deux hommes, l'un âgé, l'autre jeune encore, vinrent demander l'hospitalité. Ils avaient de longues barbes noires, l'air brusque ; ils étaient vêtus du costume de pèlerin, portaient des chapeaux garnis de coquillages et de gros bourdons à la main. On les reçut selon l'usage, on les logea et on leur donna à souper. Après le repas, Bérangère et sa fille descendirent auprès d'eux pour leur adresser quelques questions auxquelles ils satisfirent. Au moment de les quitter, la dame leur demanda si, en suivant leur route, ils n'avaient pas passé au château de Laperche, et s'ils pouvaient lui donner des nouvelles du baron et de sa famille.

Les pèlerins répondirent qu'ils n'y etaient point allés encore, mais qu'ils avaient l'intention de s'y rendre en quittant Monségur. — Si vous vouliez vous charger d'un message pour le baron, dit la châtelaine, vous éviteriez, en partie, une course fatigante à l'un de mes domestiques et je pourrais vous faire accompagner par quelqu'un qui vous enseignera le chemin jusqu'au pont jeté sur le Drot. Les pèlerins acceptèrent avec joie cette proposition. Le lendemain matin ils reçurent une lettre des mains de Bérangère, et promirent de la remettre dans celles du baron ou de son épouse.

L'on avait donné pour guide aux deux pèlerins, un jeune homme de dix-huit ans, nommé Léonardo; il était originaire d'Espagne. Le chevalier Adenès l'avait attaché à son service, et après la mort du maître, il était resté avec Bérangère, à laquelle il était entièrement dévoué. Léonardo, en venant parmi les Français, avait appris notre langue et la parlait facilement; néanmoins il n'avait pas oublié l'espagnol.

Arrivés à la vue du pont, le guide le leur fit découvrir. Tout à coup s'approchant des pèlerins, pour leur souhaiter un bon voyage, il entendit qu'ils parlaient espagnol, et il était sur le point de leur exprimer le plaisir que lui causaient toujours ces accents de son pays natal, lorsque les premiers mots qui frappèrent son oreille le glacèrent de terreur, et lui prouvèrent que ces prétendus pèlerins n'étaient que des brigands déguisés.

Toutes nos précautions sont bien prises, disait le plus âgé au plus jeune qui paraissait hésiter, ce scélérat de baron de Francœur ne nous échappera pas; nous pourrons nous venger avec usure de tous ce qu'il nous fit souffrir, il y a quelques années, en détruisant notre bande.

Léonardo, qui était un garçon très-intelligent, voulut les accompagner jusqu'au pont. Il apprit, durant ce court trajet, que le plus âgé se nommait Luppo et le plus jeune Orso; qu'ils avaient l'intention de tuer le baron, sa femme et sa fille, et que selon leur usage, ils mettraient le feu partout pour assurer leur retraite, bien entendu après avoir pillé l'or et l'argent. Sur une réplique du plus jeune, qui n'approuvait pas ce dessein, l'autre lui répondit : Ne crains rien, j'ai tout prévu; je connais la chambre des pèlerins; elle peut être aperçue du dehors; nos camarades, qui doivent nous veiller, ne se présenteront à l'heure fixée que si je leur donne le signal convenu, qui est de mettre trois fois une lumière à la fenêtre pendant une minute à des intervalles égaux, à minuit. — La conversation continua tout le temps sur ce ton.

Léonardo résolut alors de les accompagner jusqu'au château de Laperche, et de prévenir le bon seigneur du danger qui le menaçait; mais au moment de franchir le pont, il entendit qu'ils disaient qu'ils allaient le jeter à l'eau; alors il revint sur ses pas à toutes jambes, et les armes que cachaient les faux pélerins sous leur costume mensonger les empêchant de courir, ils ne purent entreprendre de le poursuivre. Dès que les brigands eurent passé le pont, ils soulevèrent les sapins un à un et les précipitèrent dans la rivière. Léonardo de son côté se hâtait de revenir auprès de sa maîtresse, pour lui révéler l'affreux complot dont la Providence divine l'avait rendu confident.

Ce ne fut que vers le soir qu'il fut possible à Léonardo d'atteindre sa maîtresse. A ce moment, Bérangère se promenait dans la campagne avec sa fille Emma. Tout-à-coup, elles aperçoivent dans le lointain un homme qui accourt de toutes ses forces; il approche, elles reconnaissent Léonardo, qui semble rompu de fatigue et dont les yeux sont égarés. — Ah! noble dame, s'écrie-t-il, sauvez le baron de Francœur. Ces deux hommes que je viens d'accompagner ne sont pas des pèlerins, ce sont deux assassins qui veulent le tuer, sa femme et sa fille, sa troupe, piller ses trésors et brûler le château. Bérangère, aussitôt, rassembla ses domestiques, leur ordonna de monter à cheval et de se diriger à l'instant même sur Laperche, et de se hâter, dussent-ils voir périr tous leurs chevaux. Mais Léonardo lui dit que les assassins avaient détruit le pont sous ses yeux, et qu'il était impossible qu'ils arrivassent ce soir à Laperche, à moins d'avoir des ailes. — Des ailes! des ailes! s'écria

Emma, dont les yeux rayonnaient de bonheur : O ma mère, ils sont sauvés ! Agnès m'a recommandé de tenir la colombe enfermée, parce que, si je la laissais aller le jour ou la nuit, son instinct lui indiquerait le chemin de Laperche; attachons-lui une lettre au cou ; dans une heure elle sera auprès de nos bienfaiteurs, et notre avis les mettra sur leurs gardes. A l'instant même, Emma alla chercher sa colombe; à un petit collier qu'on lui passa au cou fut suspendu un billet qu'écrivit Bérangère, puis tous les habitants du château montèrent sur la tour, et l'on rendit la liberté à l'oiseau.

Dès que la colombe se sentit libre, on la vit d'abord s'élever au-dessus de la tour, elle sembla se porter lentement de divers côtés de l'horizon, puis subitement elle partit comme un trait, dirigeant en droite ligne son vol vers le manoir de Laperche. Alors, tous les spectateurs l'accompagnèrent de leurs cris de joie.

Laissons-les remercier le Ciel, prier pour leur bienfaiteur, et voyons ce qui se passait au château de Laperche.

Cependant, par une belle journée de l'automne de 1571, très-haute et très-puissante dame et princesse Jeanne d'Albret, reine de Navarre, accompagnée de MM. de Reanse, secrétaire ordinaire et auditeur en sa chambre des comptes de Nérac; de Guibert, son procureur-général d'Albret; de Mlle de Lavallade et de Mme de Saint-Hérau, arrivait sur sa terre de Laperche. Les fanfares des troupes du château annonçaient l'arrivée de la princesse aux habitants de la campagne, qui se rendirent au château pour rendre leurs hommages aux nouveaux hôtes.

Le soleil allait se coucher, et l'on était dans la joie d'un festin, lorsque deux pélerins se présentèrent au château, demandant à parler au baron de Francœur. Dès qu'on lui eut annoncé leur arrivée et le désir qu'ils avaient manifesté de lui parler, il recommanda de les bien traiter, de leur offrir un bon repas et un lit. — Plus tard, dit-il, je les manderai devant moi pour entendre ce qu'ils ont à me dire.

Agnès se plaisait beaucoup aux récits des voyageurs d'outre-mer, elle se réjouissait de la venue des faux pèlerins. Tandis qu'elle songeait aux beaux récits qu'elle allait ouïr, elle vit quelque chose qui s'agitait derrière la fenêtre de la grande salle où étaient les convives; elle courut voir ce que c'était, et s'écria tout étonnée : Comment, c'est ma colombe! Emma l'aura sans doute laissée échapper. Oh! qu'elle est bonne de venir ainsi visiter son ancienne maîtresse! C'était, en effet, ce gentil oiseau qui demandait à sa manière qu'on l'admit dans l'appartement; Agnès lui ouvrit aussitôt la fenêtre, la reçut dans ses mains et la couvrit de baisers; puis elle la porta à sa mère. Voyez, lui dit-elle, comme Emma a pris soin de la colombe, elle est plus jolie que jamais ; regardez donc ce collier rouge qu'elle lui a mis au cou, comme il est gracieux ! Attends, dit sa mère, il me semble qu'elle a un papier roulé qui est suspendu au collier rouge ; qu'est-ce que cela ? Le papier fut aussitôt déplié ; il y avait écrit pour adresse : Au baron de Francœur, lisez de suite. Le baron ouvrit la lettre et poussa un cri de surprise. — Qu'avez-vous ? lui demandèrent la princesse et son épouse. La figure effrayée de tous les assistants lui en dit autant : il donna lecture du billet, qui était conçu dans ces termes :

» Mon noble bienfaiteur, puisse
» cette lettre vous parvenir à temps
» dans vos mains ! Faute d'un autre
» messager, je la confie à la colom-
» be. Vous courez le plus grand dan-
» ger ! Deux hommes déguisés en
» pèlerins doivent se présenter chez
« vous ce soir ; ce sont deux brigands ;

» s'ils ont une lettre de moi, c'est
» qu'ils avaient dû me cacher leur
» noirs desseins. Le plus âgé se
» nomme Luppo et le plus jeune Or-
» so ; je les crois tous les deux espa-
» gnols ; ils appartenaient à la bande
» que vous avez détruite. Aidés d'un
» d'un grand nombre de scélérats
» comme eux, qu'ils introduiront
» cette nuit, ils veulent vous assas-
» siner, ainsi que votre famille et
» toute votre troupe, pendant le som-
» meil, piller et incendier le château.
» Le signal sera un flambleau mis
» trois fois pendant une minute, à la
» fenêtre de la chambre des pèlerins,
» à minuit. »

A la lecture de cette lettre, la princesse, les dames de sa suite, son épouse et sa fille tombèrent évanouies. Tous les secours de l'art ayant été prodigés pour les faire revenir à la vie, le baron les fit aussitôt retirer dans un autre appartement et resta dans la salle avec les autres chevaliers. Il se revêtit de son armure et les deux faux pèlerins lui furent emmenés par quelques-uns de ses gens. Luppo lui remit la lettre de Bérangère ; il s'étendit sur le mérite infini de cette dame et lui débita une infinité d'autres mensonges.

Le baron écoutait avec indignation ces perfides discours. Qui êtes-vous, dit-il, et comment vous nommez-vous? Nous sommes de pauvres pèlerins, nous avons fait par piété le voyage de la Terre-Sainte et nous retournons dans notre pays qui est en deçà des Pyrénées. Moi je me nomme Ménard, et mon compagnon se nomme Othon. — Et que venez-vous demander ici? — Sous souhaitons prendre part à l'hospitalité que vous accordez si généreusement à tous ceux qui la réclament ; nous ne vous causerons pas un grand embarras, et demain, dès le point du jour nous nous hâterons de continuer notre route en bénissant votre bonté et votre honneur charitable. — Tais-toi, vil flatteur, s'écria le baron de Francœur, d'une voix tonnante, cesse d'outrager le ciel par tes mensonges et ton hypocrisie ! Toi, tu te nommes Luppo, et ton camarade s'appelle Orso. Vous êtes des brigands espagnols de la bande que je détruisis il y a quelque temps ; vous venez ici pour me voler, m'assassiner et brûler le château ! A moi ! mes gens ! arrachez à ces scélérats leur costume mensonger, et voyons ce qu'ils cachent dessous ? Il serait à souhaiter qu'on pût aussi facilement voir le fond du de tous ces perfides. Les gens du baron ayant saisi les faux pèlerins, enlevèrent leurs longues robes, et ils parurent alors vêtus leurs pourpoints rouges, couverts de leurs cuirasses brilantes et armés de leurs épées. On les désarma, on les plongea dans une prison souterraine, et tandis qu'ils cherchaient vainement à s'expliquer comment on avait pu les découvrir; le baron, les autres chevaliers et ses troupes prenaient toutes les mesures pour s'emparer de leurs complices.

Avant minuit, qui était l'heure convenue pour donner le signal dont il est parlé, le seigneur fit embusquer ses hommes d'armes et se rendit à la petite porte du jardin par laquelle les voleurs du dehors devaient s'introduire. Cette porte leur fut ouverte avec beaucoup de précaution; ils entrèrent en silence et pénétrèrent dans la cour intérieure. Là, quand ils furent tous réunis, les hommes armés se précipitèrent sur eux et les firent prisonniers, sans leur donner le temps de se reconnaître, et on les jeta dans le cachot où se trouvaient déjà Luppo et Orso. Ce fut là le premier supplice de ces scélérats; mais ayant tous été convaincus des forfaits les plus noirs, le gouverneur de la terre et seigneurie de Laperche, qui avait droit de haute justice, leur fit subir le dernier des supplices. Orso, seul, témoigna quelque repentir, et reçut avant de mourir les consolations de la religion.

Jeanne d'Albret et les autres dames pouvaient à peine se remettre de leur frayeur; mais ce sinistre n'était que le prélude de la mort qui attendait la mère de Henri IV; et, sous l'impression de ce fâcheux événement, elle résolut de vendre sa terre et sa seigneurie de Laperche.

En effet, le 17 jour du mois de décembre 1571, le bien (terre, seigneurie, justice et juridiction) de Laperche passait aux mains de M. Guillaume de Ranse, sieur de Plaisance. Jeanne d'Albret partit immédiatement pour Paris, où elle était appelée sous prétexte de marier Henri IV avec Marguerite, sœur du roi. Le digne baron et sa noble famille revinrent à la chancellerie de la sénéchaussée d'Albret. Le troisième jour du mois d'octobre 1572, jour du massacre des hugenots à Bordeaux, le nouveau seigneur de Laperche apprenait la mort de la reine de Navarre. Le digne châtelain et les habitants de Laperche en portèrent longtemps le deuil.

Enfin, depuis 1580 jusqu'à 1800, la seigneurie de Laperche a successivement passé des mains et descendants de M. de Ranse, aux mains et descendants de MM. Gérard Dupleix, écuyer du roi, de Secondat et de Baillet.

Ces seigneurs n'eurent pas, comme le baron de Francœur, à combattre les hordes barbares; mais les révolutions qui passèrent sur eux les mirent à de bien rudes épreuves. Tous ont laissé sur leurs pas des traces de leur bienfaisance. M. le baron Raymond de Baillet, écuyer et page du roi, a laissé un excellent souvenir à Laperche. Le château de ce lieu, après avoir payé son tribut au vandalisme, fut restauré par lui, vers l'an 1600, sur les ruines de l'ancien château féodal. Il reste encore un rejeton de cette noble famille, M. le baron Alfred de Baillet, de Cadelech, près Castillonnès.

Le château de Laperche existe encore aujourd'hui; il domine l'un des bourgs les mieux situés de l'arrondissement, entouré de ses anciens fossés et orné d'une très-belle place. Ce château offre l'aspect d'un assez beau paysage, mais il n'a conservé de son antiquité qu'une partie des tours et le pilori qui atteste le droit de haute justice qu'avaient les seigneurs de ce lieu; on voit aussi, dans l'une de ses salles, le tombeau d'Henri IV.

De généreux citoyens de la section de Laperche viennent de doter leur commune de ce local, pour l'établissement d'un presbytère; et M. le vicomte de Richemont, député de Lot-et-Garonne, en considération de cette bonne œuvre et des souvenirs qui se rattachent à ce château, vient d'obtenir l'érection de l'église de cette localité en succursale.

Il existe encore, sur le sol de la

commune de Laperche, dans la section de Moirax, un monument assez remarquable par son antiquité. — C'est une gentille église, située au nord de la section. La date présumée de cet édifice remonte vers l'an 1450, elle appartient au style romain et est du genre gothique; elle est en partie parfaitement voûtée. Cette construction, d'après les dit-on populaires, fut faite par les anglais, peu de temps avant leur expulsion de la Guienne; il semble même qu'ils n'eurent pas le temps de la finir, et deux considérations semblent le prouver :

D'abord les vastes souterrains qui s'étendent au loin dans les champs, espèces de catacombes, qui existent sous cette église, tombeaux taillés à forme d'homme dans le tuf, et les ossements trouvés naguères, en établissant un embranchement à la route départementale n° 13, indiquent que les environs furent le théâtre d'une lutte sanglante.

— 42 —

Ensuite, le chœur de l'église et une partie de la nef sont parfaitement voûtés, et le restant est en lambris, ce qui, avec la forme du clocher qui existe ne répond nullement aux constructions de ce genre.

Cette localité possède aussi un petit château, en face de ladite route, n° 13, d'Agen à Ste-Foy ; il ne s'y rattache aucun souvenir historique, mais il est habité par des personnes respectables, la famille de M. de Verdun.

Le sol de la commune, où l'on trouve de la marne, de l'argile et du silex, est assez fertile en blé, vin, prés et excellents pruneaux. — Les mœurs des habitants sont très-paisibles.

1846. P.-J. DANDURAN,
Ex-instituteur, aspirant conducteur des ponts et chaussées, pour le cadre de l'Algérie.

www.ingramcontent.com/pod-product-compliance
Lightning Source LLC
Chambersburg PA
CBHW070705050426
42451CB00008B/507